U0106014

神仙魚很生氣

情緒海洋系列

神仙魚很生氣

作　　者：凱蒂・伍利（Katie Woolley）
繪　　圖：戴維・奧魯米（David Arumi）
翻　　譯：潘心慧
責任編輯：潘曉華
美術設計：許鍩琳
出　　版：新雅文化事業有限公司
香港英皇道499號北角工業大廈18樓
電話：（852）2138 7998
傳真：（852）2597 4003
網址：http://www.sunya.com.hk
電郵：marketing@sunya.com.hk
發　　行：香港聯合書刊物流有限公司
香港荃灣德士古道220-248號荃灣工業中心16樓
電話：（852）2150 2100
傳真：（852）2407 3062
電郵：info@suplogistics.com.hk
印　　刷：中華商務彩色印刷有限公司
香港新界大埔汀麗路36號
版　　次：二〇二三年三月初版

ISBN: 978-962-08-8095-7
Original Title: *The Emotion Ocean: Angelfish Feels Angry*
First published in 2021 by Hodder & Stoughton

Text by Katie Woolley
Illustrations by David Arumi

Franklin Watts
An imprint of
Hachette Children's Group
Part of Hodder & Stoughton
Carmelite House
50 Victoria Embankment
London EC4Y 0DZ
An Hachette UK Company
www.hachette.co.uk
www.franklinwatts.co.uk

18/F, North Point Industrial Building, 499 King's Road, Hong Kong
Published in Hong Kong SAR, China
Printed in China

神仙魚很生氣

凱蒂·伍利 著
戴維·奧魯米 繪
潘心慧 譯

新雅文化事業有限公司
www.sunya.com.hk

前言

《情緒海洋系列》能幫助小朋友認識自己的情緒，以及這些情緒對自己和別人所帶來的影響。與此同時，故事裏也會提供一些簡單的方法，幫助小朋友管理情緒。

每個故事皆以海洋為背景，講述海底學校的動物們在日常生活中所經歷的不同情緒，讓家長和老師能輕鬆地引導小朋友進入有關情緒的討論。例如在本故事《神仙魚很生氣》中，探討的情緒是生氣——它會帶給小朋友什麼感覺，小朋友會因而產生什麼反應，以及其行為如何影響身邊的人。

本系列適合大人和小朋友一起共讀，以此開啟話題，進行討論。共讀故事時，建議選擇一個大人和小朋友都感到放鬆、不匆忙的時間。在正式講故事之前，大人可引導小朋友首先觀察書中的圖畫，猜一猜這本書的內容是什麼，讓小朋友能更快、更自然地投入故事。

新雅・點讀樂園升級功能

讓親子閱讀更有趣！

本系列屬「新雅點讀樂園」產品之一，若配備新雅點讀筆，爸媽和孩子可以使用全書的點讀和錄音功能，聆聽粵語朗讀故事、粵語講故事和普通話朗讀故事，亦能點選圖中的角色，聆聽對白，生動地演繹出每個故事，讓孩子隨着聲音，進入豐富多彩的故事世界，而且更可錄下爸媽和孩子的聲音來說故事，增添親子閱讀的趣味！

「新雅點讀樂園」產品包括語文學習類、親子故事和知識類等圖書，種類豐富，旨在透過聲音和互動功能帶動孩子學習，提升他們的學習動機與趣味！

想了解更多新雅的點讀產品，請瀏覽新雅網頁(www.sunya.com.hk)或掃描右邊的QR code進入 新雅・點讀樂園 。

1. 下載本故事系列的點讀筆檔案

1 瀏覽新雅網頁(www.sunya.com.hk) 或掃描右邊的QR code 進入 新雅・點讀樂園 。

2 點選 下載點讀筆檔案 ▶ 。

3 依照下載區的步驟說明，點選及下載《情緒海洋系列》的點讀筆檔案至電腦，並複製至新雅點讀筆的「BOOKS」資料夾內。

2. 啟動點讀功能

開啟點讀筆後，請點選封面右上角的 新雅・點讀樂園 圖示，然後便可翻開書本，點選書本上的故事文字或圖畫，點讀筆便會播放相應的內容。

3. 選擇語言

如想切換播放語言，請點選內頁左上角的 粵 英 普 圖示，當再次點選內頁時，點讀筆便會使用所選的語言播放點選的內容。

4. 播放整個故事

如想播放整個故事，請直接點選以下圖示：

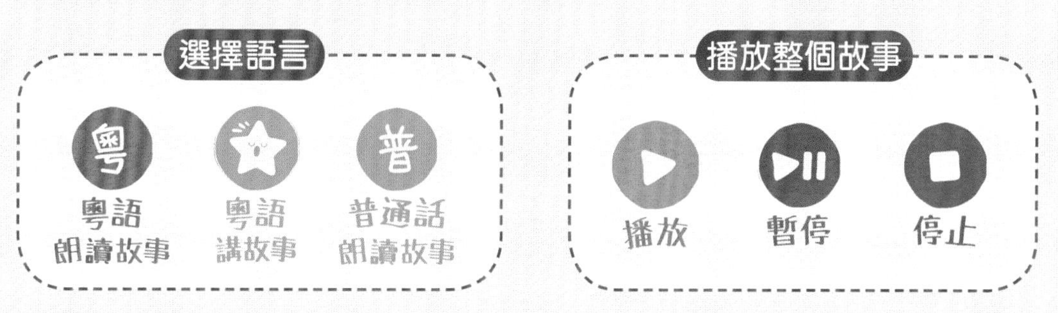

5. 製作獨一無二的點讀故事書

爸媽和孩子可以各自點選以下圖示，錄下自己的聲音來說故事！

1. 先點選圖示上爸媽錄音或孩子錄音的位置，再點 OK，便可錄音。
2. 完成錄音後，請再次點選 OK，停止錄音。
3. 最後點選 ▶ 的位置，便可播放錄音了！
4. 如想再次錄音，請重複以上步驟。注意每次只保留最後一次的錄音。

這一天，海底學校的活動真多！
鯊魚在看書。
海星和劍魚在角色遊戲區扮演恐龍！

鯨魚在練習算術，神仙魚在畫畫。
水母在沙坑裏玩耍。

神仙魚想退後一些看她的畫，於是向後游。
一不留神，她就撞上了鯨魚的大尾巴！

鯨魚吃了一驚，大尾巴擺了擺。
啪啪啪啪，顏料瓶往上飛。
砰砰砰砰，又全部往下掉——顏料濺得到處都是！

「哎呀，對不起啊！」鯨魚說。

神仙魚氣得滿臉通紅，然後渾身發抖，憤怒地揮動魚鰭。

「你弄壞了我的畫！」神仙魚對着她的朋友大叫。

神仙魚的叫聲太大了，鯨魚嚇得立刻躲到閱讀區的書架後面。

神仙魚把顏料和畫都摔在地上，生氣地
噴着一串泡泡游走了。

鯊魚在家庭生活區找到神仙魚。

她仍氣得發抖，滿臉通紅，眉頭皺得緊緊的。

鯊魚感到很難過，傷心地游走了。
有時候，神仙魚的脾氣真的很大。

獨角鯨老師發現神仙魚正在大哭。

「鯨魚弄壞了我的畫！」她哭着說。

「那只是個意外。」獨角鯨老師溫柔地說，「而你的脾氣真大……」

神仙魚想了一會兒。

片刻後，她不再生氣，反而覺得有點難過。

「我剛才太生氣了，對鯨魚很不友善。」她小聲地說。

「你知道我生氣時會怎麼做嗎？」獨角鯨老師問。

「啊，老師也會生氣？」神仙魚驚呼。

獨角鯨老師微笑。「當然！每個人都有生氣的時候。」

「那您生氣時會怎麼做？」神仙魚問。

「我會深深地吸一口氣，慢慢地從一數到三，然後想一些讓自己開心的事。不如你也試一試？」

神仙魚深深地吸了一口氣，然後慢慢地數一、二、三。

「跟朋友在一起，讓我感到很開心。」她笑着說。

「那麼快去跟他們道歉吧！」獨角鯨老師說，「下次感到生氣時，要記得深深地吸一口氣，慢慢地從一數到三，然後想一些讓自己開心的事。」

神仙魚飛快地游回朋友們身邊。
這時候，他們正在玩捉迷藏。

這次神仙魚注意到鯨魚的大尾巴了！
它就在鯊魚的大背鰭旁邊。

「對不起，我對你們發了脾氣。」神仙魚對朋友們說。

「神仙魚，你剛才的叫聲很大。」鯨魚輕聲說。

「謝謝你跟我們道歉。」鯊魚說。

這時候，上課鈴聲響了，遊戲時間結束。
動物們一起回課室去。

鯨魚和鯊魚看到神仙魚的畫。

「我想到一個主意！」鯨魚說。

鯨魚、鯊魚和神仙魚一起重新繪畫一幅畫。

「這是一幅讓我感到很開心的畫！」神仙魚說。

認識情緒很重要！

情緒對你很重要，對於神仙魚和她的朋友們也一樣。請你看看以下各圖，說一說圖中角色們的感覺。每幅圖畫旁邊的問題可以幫助你思考：

神仙魚的畫被朋友弄壞時，她有什麼感覺？

生氣的時候，神仙魚的臉和身體有什麼變化？

神仙魚對着朋友們大叫時，
他們有什麼感覺？

什麼方法讓神仙魚不再生氣？

在故事的結尾，神仙魚和朋友們感覺怎樣？

你生氣的時候，可以怎樣使自己冷靜下來？

活動建議

看完故事後，家長或老師可以跟小朋友展開延伸活動，讓小朋友更容易吸收和理解故事中所說的情緒，並連繫到自己的日常生活經驗。以下有一些討論話題和活動建議供參考：

關於故事內容

- 請小朋友説説神仙魚在不同的事情發生後的感覺。
- 神仙魚表現的方式好不好，為什麼？

關於認識自己

- 問問小朋友為什麼了解自己的情緒那麼重要。
- 請小朋友想一想，能夠明白自己在某情況下的情緒反應，他的心裏會不會覺得好過一些？
- 了解自己的情緒，會不會幫助他和其他小朋友相處得更好？為什麼？

關於認識自己和別人對情緒產生的反應

活動小提示：

＊ 此活動特別適合多人參與。如人數較少（例如只有爸爸、媽媽和小朋友），也可由各參與者説出自己的經驗、感覺和想法，再一起討論。
＊ 如參與的小朋友較多，可先把他們分成幾組再進行討論。

- 請參與者回想一個生氣的時刻。問問他們當時有什麼反應？他們怎樣使自己不再生氣？
- 分組時間結束後，各組請委派一人做代表，把記下的事情讀出來，然後全班一起討論。